JN408956

마실길

소풍길

마실길 소풍길

김심배 시집

도서출판 천우

시인의 말

시詩는 나의 동반자

시詩, 그리고 시인

그것은 지상에서 가장 아름다운 선망의 대상이었습니다. 까까머리 학창 시절 시인을 꿈꾸며 몇 차례 백일장에 참가하여 수상했던 경험과 오랜 세월 회사생활로 호구지책의 틈바구니에서 간간이 써 두었던 글 몇 편이 전부였습니다.

나이 칠순을 넘어 늦깎이 등단을 하고 시심에 불을 지펴 본격적으로 詩를 쓰게 된 것은 천우문화예술대학 윤제철 교수님의 영향을 많이 받았습니다.

바람도 침묵하고 구름도 침묵하던 지난 시절의 정서의 고갈을 걷어내고 시들어가는 감성을 되살려 글을 쓰다보니 시세계의 7부 능선 쯤에 당도한 느낌이며 따라서 영혼의 양식이 쌓여가고 세상을 더욱 아름답게 보는 혜안을 갖게 됩니다.

이제 고희를 넘기며 걸어온 세월의 이야기를 한 올 한 올 고이 엮어 세상 밖으로 내놓게 되니 과연 독자들의 마음을 얼마나 담아낼 수 있을지 두려움 반 설레임 반으로 점철되어 집니다.

그러나 "지는 꽃은 씨앗을 품고 있어야 한다" 라는 교훈을 굳게 믿으며 또한 시집 한 번 내어 보라고 용기를 주시고 명강의로 지도를 해주신 윤제철 교수님의 권면에 마음으로 부터 깊은 감사를 드립니다.

끝으로 이 시집이 세상 밖으로 나오기까지 물심양면으로 도움을 준 사랑하는 아내와 사진과 표지 및 편집 디자인을 전담해 준 두 아들과 천사같은 새애기에게 고마움의 뜻을 전하고자 합니다. 감사합니다.

2021년 11월 1일
제35회 시詩의 날에

저자 김심배

차례

1부

마실길
소풍길

마실길 소풍길 (1)

나는
또랑시인 낭만가객

내 영혼이 부르면
바람 한줌 구름 한 점
별이되고 조각배 되어
삼라만상 닿는곳으로
유유자적 날갯짓한다

비우고 채우며
낮추고 숙이며
또랑시인 가는길
마실길 소풍길

그래,
잘 살아왔어 잘 살고있어
이렇게 그렇게
인향천리 시향만리
살아가면 되는거야

청령포의 수양버들
ㅡ 수양首陽의 단죄

아지랑이 피 나르는
청령포의 봄나루
긴 머리 풀어헤친
수양버들이 측연하다

두 팔 벌려 하늘 향하는
나무들과 달리

무슨 죄 그리 많아
홀로 물구나무 서 듯
산발한 채 읍소하느냐

하늘이 두려워
석고대죄 함이더냐
버들 솜털 뿜어대니
회한의 눈물인가

빈 배 머문 봄나루엔
어린 단종 눈물이
물안개로 피어난다

수양버들

——

옛 문헌에 의하면 중국에서 들어 온 수류垂柳나무를 수양대군의 이름을 따 수양버들이라 명명하였다고 함.

화살나무

활 끝에 매달려
처박힌 세월은
내가 쏘아 댄
70여 성상
화살나무 되었는가

노을 지는 산자락에
세월이 꽂혔다

마디마디 각인된
영욕의 삶은
아지랑이 피어나 듯
희미한 기억들
그 빛을 잃었구나

그래도
나뭇잎은 무성해
여력餘力이 솟는데
시위를 떠난 자리엔
허무만 남누나

떡갈나무

산언덕 풀섶에 나무 한 그루
아리랑 나무라 불러 줄꺼나

똬리를 틀은 듯 풀린 듯
자연이 빚어놓은 환상의 나무
아리랑 춤사위가 단아하구나

주악奏樂은 바람과 꾀꼬리
관객은
찔레꽃 아카시아꽃 눈서리꽃

실바람 일어 연초록 한삼汗衫이
손에 손에 나부끼고
꾀꼬리 꾀꼴꾀꼴 장단 맞춘다

신록 짙어 녹음되고 가을물 들때
솔바람에 색동 앵삼鶯衫 나풀거리는
라이브 콘서트 예약해 둬야지

개구리 음악회

어둠 짙어 달빛 교교한
고향 들녘 초록무대
개구리 음악회가 열린다

왕개구리 팡파르에
개골개골 개굴개굴
갈라 콘서트가 시작되고

지휘자는 없어도
개구리 형제들의 코러스에
앙코르 반복하며

소쩍소쩍 밤새들의 조연이
관객을 사로잡는다

농촌의 밤 예가 바로
태평성대 평화의 무대

달빛 다독이며
달맞이꽃 한아름
초록무대에 올렸다

두견화 피는 산길

도봉산 가는 길 그 산허리엔
두견화 꽃숲길이 있다

꽃잎에 정 새기던 나만의 그 꽃길
삼월 햇살 여물어 올봄도 찬연히
피어나겠건만 역병 코로나 등살에
세상이 갈라지니 지척이 천리로다

그리움은 사랑이라 말 했던가
내 마음의 정원에 두견화를 피워본다

피워 보니 참 어여쁘구나
연분홍 얼굴에 붉게 타오르는 입술
봄 스카프 휘날리며 향기를 토해내는
그대, 그대는 봄처녀

두견화야 알고 있느냐 애달픈 이내 심정을
그 자리 철쭉에게 내어주기 전에
어서 가 얼싸 안고 상큼한 봄향기에
취해보련만

이 밤도
눈물샘 맴돌아 눈물웃음 짓는다

나목

주고 또 주고
아낌없이 주었고
미련 없이 비웠노라

조금은
삭연타 싶지만
그래도 당당하노라

봄을 틔웠고
여름을 식혔고
가을물 들였노라

시인들이 지어 준
내 이름은 나목

하느님은 화백

하늘은 오렌지 밭
저녁인가 아침인가
새소리 들려오고
어린나무 늙은 나무
햇공기 뿜어대니
아침인가 보다

하늘은 주홍빛 꽃밭
아침인가 저녁인가
새소리 사라지고
늙은 나무 어린 나무
회색빛 나뭇가지
저녁인가 보다

하늘바다엔 온종일
붉은 꽃밭 하얀 꽃밭
하느님은 마술사
거대한 화백이신가 보다

고궁 음악회

경회루 연지엔 달그림자 어리고
수정전 고운 단청 달빛 품어 안으니
근정전 너른 마당엔 오색 한복 넘실넘실
청사초롱 불 밝히며 궁녀들이 노닌다

우리가락 좋을씨고 궁중무 덩실덩실
부채춤 화관무가 가을밤을 수놓는
옥색달빛 머금은 밤하늘의 경복궁

효명세자가 창제하신 춘앵무가 와 닿고
꾀꼬리 지저귀듯 그 몸짓 단아하니
세자저하의 예술혼에 감축을 드린다

혼불 깃든 전각에서 나랏님 된 양
멀게만 느껴지던 우리 전통국악
어얼쑤 추임새가 높아진다

낮꿈 꾸는 지중해
— 나폴리 가는 길

오월 지중해 뜨거운 태양 다독이며
마음의 짐 내려놓고
쪽빛 융단 깔아놓은 낭만길 달린다

날밤 샌 거센 파도는 낮잠에 취해있고
아프리카와 유럽을 가르는 대해의 에움길
시간이 멈춘 듯 고요가 흐르는 꿈길이다

크루즈 선수船首 17층 꼭대기
수평선 너머 양떼구름 조우하며
들어 선 카페
페로니 맥주 한 잔과 사알짝 윙크
설레는 가슴 적셔본다

지중해 문화의 진주 검푸른 바다
마치 거대한 블랙홀인 듯 한눈에 꽂히는데
어디 천년의 신비 하나 건져 올려나볼까

저 멀리 나폴리 항구 시간의 닻을 내리면
낯선 땅 미지의 세계로 발길 돌려
잃었던 나를 찾아 나서야겠다

서구 문명의 요람과 입맞춤 하며

까치저고리

오색 단청
현란한 전각 아래
낭자들
단아한 몸짓 귀요미

때때옷 까치저고리가
구중궁궐 수놓고
세월을 견뎌온 단청
낭자들이 이어가네

거, 참
보배로구나

벚꽃나무 아래서

봄볕에 팝콘 터지던 소리
몇 날 전 거슬러 생생한데
화사한 슬픔 안고
이별을 노래하는 밤 벚꽃

새들은 잠 들고
와사등 졸고 있는 봄밤
달빛 머금은 벚꽃나무 사이로
저녁 바람이 사납다

우수수 꽃보라 휘날려
은빛 융단길 펼쳐지는
아쉬운 석별

너무나 짧은 생애
예쁘게 살다가
아름답게 떠나가는 벚꽃

사뿐사뿐 즈려밟아
봄 추억 하나 하얀 추억 하나
나도 따라 벚꽃 되고파

오솔길에서

갈맷빛 향연이 끝난 숲길
꽃 진 자리엔 액세서리로
형형색색 치장하더니

붉은 치마 노랑 저고리
패션쇼가 시작되는 오솔길
바스락바스락 가을을 밟으며
추억의 갈피에 새겨본다

햇살 한 줌에 결 고운 가을 패션
가을빛 닮아보려 사랑노래 부르며
이 마음
곱게곱게 물들이는 이 길에

북풍 불어 무서리 내리면
주홍빛 축제는
숨 가쁘게 막을 내리겠지

오솔길 따라 끝자락에 다다르면
가난한 마음길로 들어서는가

까치집

붉은 치마 연분홍 저고리 노랑 댕기
가을잔치 패션쇼는 끝나고
저마다 육체미 드러내 한껏 뽐내는
나목들의 위 그 위로
로열층에 집 한채가 외롭다

날과 씨로 정교하게 축조된 동그란 집은
모진 태풍에도 위력을 과시한다
어느 천적도 감히 범접할 수 없는
그 집 주인은
허공속의 건축가요 예술가이다

사냥 나온 건축가는 어느샌가
날렵한 점프로 비상하더니
도란도란 햇살과 마주앉아 해방가를 부르며
오는 봄을 재촉한다

건축가는 이제 새로운 집을 짓기 위해
종족 번식을 위해 세력권 형성을 위해
치열한 춘투가 시작될 것이다

외로운 밤 지나 새아침 밝아오면은
내 집에도 이웃집에도
기쁜 소식 하나 전해주렴

창경궁의 뮤지컬

별빛이 국악처럼 흐르는 밤에
고궁의 뮤지컬이 이채롭다

사도세자의 탄생을 축복하는 경춘전
축배의 노래가 구중궁궐에 메아리 치고
혜경궁 홍씨의 얼굴엔 우수가 스며든다

이윽고 세자의 발걸음이 무겁고 처연한
문정전 삼대三代의 슬픈 이야기
숨소리 멈춘 숙연한 밤의 역사적 현장
비운의 사도세자
조선왕조의 아픔이 저려온다

정조가 베푸는
명정전 혜경궁 홍씨의 회갑진찬연,
회한과 환희의 작은 미소는
역사의 물줄기를 가르는가

아이들은 미래

골목 안 길
순진무구한 아이들의
청아한 목소리
사람들은 저리 가 놀으란다
이리 오너라 나는 반겼다
난 너희 시아버지야 일렀더니
서로 우리 시아버지라며
싸우기도 한다
졸지에 동네 시아버지로 데뷔하였다

머언 옛날의 추억 이야기다

유별나게 바뀐 지금의 골목 길엔
아기 키우는 소리가 사라졌다
워즈워드가 한 말
어른들의 아버지가 사라졌다
인구절벽 혼족의 시대
희망이 사라졌다
산사와도 같은 고요가
골목 길을 엄습한다
어쩌나 이걸 어쩌나

마실길 소풍길 (2)

나는 또랑시인
얽힘도 섞힘도
굴레도 따돌리고
그냥
맘 내키는대로
정처없이 떠나련다

강물도 흐르고
세월도 흐르고
이 내 마음도
흘러 흘러만 가는것을
뉘인들 붙잡을소냐

사랑도
미움도 그리움도
바람같이 흘려보내고
산천을 이고 안아
유유창천 나르샤

아차산의 새벽길

어둠을 헤치고 새벽비 가르며
오르는 산길 아차산길
싸목싸목 어둠 벗겨지고
새벽안개 금실금실 감도는데

새소리 바람소리 물소리
뭇 생명들 잠에서 깨어나
기지개가 늘어진다

푸른 숲 자연과 교감을 하니
오르는 발걸음은 한줌의 깃털

한강 너머로 아스라이 펼쳐진
검단산 허리에 운무 내려앉아
산허리 위로 점점이 떠 있는것은
머언 바다 섬이었다

섬과 섬 사이로 내 늙은 세월의 짐
확
날려보는 아차산의 새벽길

어린이대공원의 아이들

내겐 아직 손주가 없다
해맑은 동심이 그리우면
시들어가는 내 감성에 생기를 주는
어린이대공원에 나가 심심파적 한다

나 어릴적엔 이웃에서 안아주고 업어주니
성장하여
이웃 어른들께 큰 절을 올리곤 했는데
지금의 아이들은 눈으로만 이뻐해야 한다

초롱초롱한 눈망울 토실토실한 보올
아장아장 이쁜 몸짓 재잘재잘 함박 웃음
바라만 봐도 영혼이 맑아진다
어린이대공원엔 언제나
새 세상이 열리고 사랑이 자란다
무한한 가능성을 지닌 미래의 꽃들
저 고운 새싹들은 신의 선물이다

어른들은 지고지순한 어린 천사들에게
행여 빚 지거나 짐이 되지 말고
청자빛 지구별을 잘 쓰고 돌려줘야 한다

소파 선생과 같은 마음으로
귀히 여기고 잘 돌봐야 하며
맑고 밝고 푸르게 잘 자라야 한다

어른들이시여,
싱그러운 저 꿈나무들에게
천일홍의 마음 얹어 침묵의 기도를 바치자

천일홍
——
변함없는 사랑

텅 빈 무대

코로나 광풍에
빼앗긴 나의 가을을 찾아
머무는 발길은
텅 빈 무대 텅 빈 객석

어린이대공원 숲속의무대
아란야같은 숲속엔 적막이 흐르고
황홀했던 그 가을밤의 선율
박수갈채만 귓가에 쟁쟁하다

그래도 한갓
자연이 주는 선물이 있어
빈 가슴 한 켠을 채워본다

구름커튼막이 올려지니
달님 별님이 조명등 되어주고
소쩍새 귀뚤이 늦털매미의
구슬픈 앙상블이
애수를 자아내는데

객석 뒷편 동물원
성 난 맹수의 울부짖음에
초가을밤 귀뚤이보컬의 막은
서서히 내려지고 마는구나

한 줄기 별빛이 차갑다

새봄을 열며(1)

남도에서
봄소식을 전해 올 무렵
꽃 중의 꽃
능수 매화는 제일 먼저
꽃향을 날려
봄을 깨우고

동안거에 들어갔던
나목들 중에
능수버들은 제일 먼저
연초록 탄성으로
새봄을 알리더니

팬데믹 열풍에
갈 곳 잃은
길손을 부여잡고
하염없이 하염없이
봄노래 하자네요

영상으로 본 파회

바위 벽 사이로
부서지는 포말
에메랄드 빛
물결이 넘실대고

그 위로는
연초록 신록이
수줍은 듯
봄 향기 날리네

지금 쯤
내 고향에도
철쭉꽃 한창일텐데

언제나
저 아름다운 비경에
내 발길 머므려나

흐름의 미학

흘러가니
구름도 아름답고
밤하늘의
둥근달도 아름답고
강물이 아름답더라

흘러가니
사계가 아름답고
인생길이
아름답더라

아름다운것은
모두가 다 그립더라

화살기도

와사등인가 했더니
푸나무서리로 스며드는 불빛
월출이었네

둥글게 떠오르는 달님 보며
코로나 19를 걷어가 달라고
지구촌의 신음소리 잠재워달라고
소원을 빌어보네

차가운 달빛에 새겨진 응답
자작자수自作自受이니
결자해지結者解之하라네

세상 사람 모두가
탐욕을 접고 곱게 살라하네
밝고 둥글게 살라하네
자연을 사랑하라네

화답의 길이 열리면
온누리에 훈훈한 빛으로 다가 가
달빛 연가를 선사한다네

제야의 편지

경자년의 맨 끝자락에 서서
과거 속으로 묻혀질 속절없는
세월을 반추해 봅니다

돌아보니
팬데믹 환경에서 한 해라는
귀한 선물을 제대로 쓰지도 못한채
아쉬움과 회한이 남지만

그래도
귀한 인연님들 모두가
무탈하게 잘 살아냈슴에
한없이 감사할 일입니다

글밭 마음밭의 인연님들
함께한 올 한 해 행복했습니다
함께할 신축년 새해에도
고운 인연으로 남고싶습니다

새해 복 많이 받으십시오

2021 새해의 다짐

벽두 새해 고요한 아침
한줄기 주홍빛 동살이 스며드는
명상정원 혜윰을 다소곳이 안아본다

이 숭고한 아침에
절로 두손이 모아지고 혜윰에 잠기니
마음의 텃밭이 이내 말갛게 파랗게
너렁청하게 펼쳐진다

비우고 채워야지 채워야해
그럼 아무렴 그래야지
희망도 심고 겸손도 심고
그리움도 심고 사랑도 심어
싹 틔우고 꽃을피워 채워야지

옥토로 일궈 푸르게푸르게 가꿔야해
속살 꽉 찬 열매로 잘 익어야해
벌 나비 불러모아
빛이되고 노래가 되는
푸른 텃밭 하나 물려줘야지
올해엔

부부 싸움

밖에서는 어림없는 행위

편한 상대여서 그런지
맘 놓고 질러댄다

발단은
부대끼며 살아가는
소소한 일상

티격태격 다투고서 하는 말
그래도 부부밖에 없단다

칼로 물 베는 거
삶의 양념인가

2부

자연과
노닐다

함박눈

눈이 오신다
먼 산에도 들녘에도
헐벗은 겨울나무
앙상한 가지에도

송이송이 눈꽃송이
흰나비 떼 하얀 군무
사뿐사뿐 내려앉아
새봄을 재촉하는가

뽀드득뽀드득
겨울을 밟으며
눈부신 동화의 나라
샤갈의 발자욱 따라
뽀얀 발자욱 사잇길로
어른거리는 추억 갈피

온누리 근심 걱정
기막힌 사연, 사연들
하얗게 새하얗게
덮어 주려마

기다림

아직은 설한인데
어떤 이들은 서둘러
겨울과 봄을 버무린다

가만히 보니
실개천 얼음장 밑으로
봄 깨는 소리에
귀르가즘이 돋고

저 멀리
산등성이 어름에선
삭풍과 온풍의 밀당이
실루엣으로 다가서는데

두고 온 봄은
정녕
그리움일까
기다림일까

봄은 저렇게
그렇게 오시려나 보다

토끼풀 밭에서

봄햇살 마냥 영글어가는
토끼풀 밭에 토끼는 없더라
사슴 목 되어 찾아보건만
네 잎 행운도 없더라

그래도 한낱
허전한 맘 달래주는 너
안개꽃 무리
찾고 찾던 네 잎 행운이
꽃 안개로 피어난다

아득한 시간 여행길
꽃마차에 탑승하여
꽃반지도 만들어보고
꽃팔찌도
꽃목걸이도 만들어본다

아련한 추억 설레는 맘
풀꽃 사랑
뉘에게 전해 올릴까

가을이 가기전에

낙엽 져 나목이 되기전에
삶의 올가미에서 벗어나고 싶다
맑은 영혼 살아 숨쉬는 숲
그런 곳으로 떠나고 싶다

억새꽃 넘실대는 산야에서
연인도 친구도 아닌
가을 정취와 잘 어울리는이와 함께
가을을 노래하고 싶다

릴케가 가을길을 떠나 듯
자연의 신비를 찾아 떠나고 싶다
에메랄드빛 물길을 따라
한적한 계곡으로 떠나고 싶다

곱게 물든 단풍을 보며
가을 바람 같은이와 함께
여백을 채우고 싶다

나의 부활을 위하여

둥근달

휘영청
베시시 웃는 둥근달
하얀 구름베개 베고

푸나무서리로
수줍은 듯
빼꼼이 얼굴을 내민다

성숙한 여인네
볼처럼
토실토실하다

얘야
어서 장대 하나
가져 오렴

달님은 우울해

소쩍새 울음소리 하도 애달파
휘영청 시린 달빛 품어 안고
내 어릴적
꿈을 찾아 헤매 돌다가
고개 들어 둥근달을 쳐다봅니다

외롭고 우울한 표정의 달님
수줍은 미소로 날 반겨 주는데
그 옛날 그 시절 추억 속에 어렸던
계수나무도 옥토끼도 사라지고
반짝반짝 친구 별들도
은하수 친구도 사라졌습니다
푸르렀던 꿈도 사라졌습니다

모두들 어디로 사라진걸까
눈 감으면 찾아드려나
명상에 잠겨보건만
장밋빛 문명은 오간데 없고
잿빛 문명이란 훼방꾼이
녹색 시야를 가리는데
지구별의 신음소리 거칠기만 합니다

귀뚜라미의 노래

내 이름은 가을이라네
재 넘어 산줄기 타고 와
풀섶에도 섬돌에도
둥지를 틀었지

찬이슬 한 모금 입에 적시고
귀뚤귀뚤 귀똘귀똘
사랑의 세레나데로
부부사랑 구애하는데

우리 마누라보다 더
즐겨 반기는 벗님
벗님은 가을 시인들이었지

고독한 글쟁이가 붙여 준
애칭
나는 가을의 전령사
사랑의 음악가라네

옹달샘

사연 많던 우물가에
지금은 목마른 다람쥐 청설모
이쁜 새 고운 새 잡새들이 모여 와
목을 적시고 자맥질 하며
유희를 즐긴다

머언 옛날
이웃과 함께했던
우물물 옹달샘 샘물
사람들의 생명수

우리가 그들을 보호해 주면
그들은 우리에게 안식을 주고
그들이 살아야 사람이 살 수 있는
공생의 환경

원초적 자연으로
잘 가꾸고 보호해야할
그들이 던져준 숙제다

무질서

매화 산수유 개나리
목련화 두견화 벚꽃
피고 지고 지고 피고
예전엔 주야장천晝夜長川 즐겨보던
화사한 봄꽃들의
행진이었건만

무에 그리 조급한지
앞 다투어 피어나는
봄꽃들의 향연
요즘엔 강호지락江湖之樂도 잠시
오는 건지 가는 건지
혼란스러운 봄날이다

생태계의 무질서
봄꽃들도 알 진데
그 누가 만들어가나
엿가락 환경재앙
외면하는 사람, 사람들
그 끝이 두렵구나

원추리의 용트림

깊은 밤 시린 별빛
자장가 삼아
허기 달래던 너

동녘 햇살 한 줌이
방실방실
청옥 이슬 데워
가랑잎 이불 속
새벽을 깨운다

곱디고와 여린
가냘픈 속살
위대한 생명력 앞에
내 마음도 움튼다

살며시 고개 내밀어
하품하는 너
육중한 흙덩이
열어 젖히는
그 힘은 어디서 나올까

마지막 잎새

가을 옷 갈아입고
맵시를 뽐내던 너

무슨 그리움 그리 많아
설한풍 혹독한데
눈물로 매달려 떠는고

모두가 떠난 자리
순리를 거역하느냐
못다한 사랑 있느냐

그 자리 내어주고
바람에 실려
길손에 부딪치며
흙으로 돌아가렴

서러워 마라
휘파람새 돌아오는
그 날을 기약하며

내가 사랑하는 아차산

성큼 다가온 나의 가을
온누리에 가을빛 완연하니
다시 또 한철 역마살이 도져
바람소리 솔깃해 아차산으로

정겨운 고향의 뒷동산과도 같은 아차산성
굽이치는 한강을 품어안고
오늘도 낮꿈 꾸며 나를 반긴다

코발트 빛 하늘가엔 샛털구름 한가롭고
푸나무서리로는 가을빛 반짝반짝
마른 잎새 사이로 스며드는 한낮에
고운빛 햇살이 좋아
물소리 새소리 어우러져 화음을 이루고
고추잠자리 덩달아 덩실 춤춘다

가을의 속삭임인가
대 자연의 오케스트라인가

솔바람도 시원한 산마루에 기대어
빈 가슴 가을 추억이 시작되는 곳
연서 한장 쓰련다

내 사랑하는 아차산이여

달님은 요술쟁이

햇님이 격노하면
자취를 감추고
까만 밤 어둠만 드리운다

우울한 날엔 손톱달
친구별 하나 만나면 눈썹달
친구별 둘 만나면 조각달
유쾌한 날엔 둥근달

삼백 예순 날
둥근달이면 좋겠다
세상인심 둥글게 둥글게

오늘 밤엔
어떤 술법으로 다가오려나

개나리

겨울 나라 영토에
햇님이 봄을 데려왔나
봄이 개나리 데려왔나

새벽녘
이슬 한 모금에 하늘 열리고
여윈 가지마다 꽃눈으로
첫 선을 보이는 너

고운 햇살에 눈이 부시는가
부끄러워 속살을 감추는가
지긋이 감은 듯 뜬 듯
실눈이 귀엽구나

화창한 날
종달새 돌아오면은
봄처녀 희망 안고
망울망울 향기를 토하며

노란 스카프 휘날리겠네
팝콘 세례
꽃보라 춤을 추겠네

어린이 대공원

내 마음의 글밭에 가뭄이 들면
날 반겨주는 대공원을 찾는다

대자연의 축소판
잘 가꿔진 방대한 대공원은
헬스요 혜윰 그 자체이다

소유권은 없어도
주야 불문 이 한몸 기댈 수 있는
아름다운 나의 대大 정원
나는 잘 나가는 큰 부자가 된다

빛 고운 햇살 한 움큼 목에 두르고
새소리 동요가 어우러진
힐링의 숲 둘레길을 걷노라면

하늬바람 살포시 다가와
내 지친 영혼을 씻어주고
글밭을 일구어주니
예보다 더한 낙원 또 어디 있으랴

어린이대공원은 나의 유토피아

새봄을 열며(2)

가는 겨울 비집고
불어오는 마파람
대지의 젖가슴 흠뻑 적셔
새봄을 내 뿜는다

봄의 문을 활짝 열어젖히니
나뭇가지의 잎눈 꽃눈
물줄기 주워 모아
기지개 늘어지는
생명의 고동소리

성미 급한 개나리 한 떨기
모진 삭풍 용케도 견뎌내고
홀로 외로이 고운 자태
얼굴 내밀어 윙크를하면

새봄 불러 모아모아
세레나데 퍼져 나는데
경자년의 봄빛은
어이해 흐려지는가

봄의 왈츠가 그립다
코로나-19가 원망스럽다

봄비야 단비야

새벽녘
새봄을 깨우는 봄비
연초록 탄성이
온누리에 가득한데

지구촌의 신음소리
애간장이 타들어가니
춘래불사춘春來不似春이로구나

봄비야 단비야
코로나 환란에 찌든
주름살 펴주고
온갖 시름 큰 시름
씻어내주렴

마스크 벗어 던지고
맘 놓고 심호흡하며
봄맞이 한 번 가보자

신 록

세상은 온통 연초록 일색
싱그러운 잎새에 영혼을 행궈볼까
봄이 마냥 부풀어 오른다

여린 이파리 하도 청초해
새순 터지는 모습 보려는데
실바람에 도리도리 살랑살랑
행여 다칠까 가만가만
쓰다듬어 본다

자연이 빚어놓은 사월의 신록
햇살 세례에
에메랄드빛 너울을 쓰면
유월 녹음보다 더 산뜻한 자태

무릇 새 생명은 신비로운 것
만물의 원초적인
아름다움의 극치를 보노라

산새 소리

노래인가
울음인가
언어인가

노래인 듯
울음인 듯
언어인 듯

들썩들썩
몸짓을 보니

아마도
노래를 하나보다
새들은

꽃지는 봄밤

한잎 두잎
꽃잎 지는 소리

그대
멀어져가는
발자욱 소리

꽃자리 떠나는 그대
목울대의 떨림
환희도 서러움도
가만가만 뇌어보는
꽃지는 봄밤에

두견새도 목이 메여
서러움을 피워내고
귀밑머리
하얀 봄밤되어
그리움만 사무친다

소녀꽃

풀섶에 숨어
피어난
한떨기 어린꽃
고독한 소녀꽃

수줍어 말 못하고
하늘 그리워
햇님 그리워
눈물웃음 짓는다

봄새들의 노래

남풍 불어 와
산야를 흔들어 깨우면
새들의 율동이 부산해진다

나뭇잎 옹알이 꽃잎 옹알이
덩달아
바람 난 봄새들은
새봄을 밟으며 숲속을 가르며
노래소리 드높다

연초록 물드는 숲속엔
봄새들의 청아한 노랫소리
사랑연가로 날아오른다

단풍 낙엽

찬바람 부여안고
아쉬움에 떨며
흩날리는 단풍 낙엽
속살거린다

우리 그때가 좋았지
그래 넌 참 고왔었어
연인들이 홀딱 반했잖아

아니야 네가 더 예뻤어
너에게만
번갯불을 들이댔잖아

싱그러웠던 푸른시절
고왔던 무지갯빛 시절
우리들 보며
시인들은 노래했었지

후회없이 미련없이
흙이불 속으로 돌아가는
마지막 사랑이 뜨겁다

길냥이

정원庭園도
새들도 다 떠나버린
동네 골목 안 길에

요기는 하였는지
길냥이들의
휘어진 등골이
처연하다

새들의 노랫소리
창공을 가르는
숲 우거진 공원길엔

윤기 나는 길냥이들
따스한 손길에
겨우살이 팔자가
늘어진다

동물 세계에도
부익부
빈익빈 있는가

생태공원에서

무덤같이 고요했던
눈덮인 생태공원
새들의 끼니 걱정에
마파람 헤집고 들어와
봄눈 녹 듯 사르르

설연화는 오간데 없고
생태계가 들썩들썩
박새 딱새 잡새들의
날갯짓만 요란하다

마파람 신바람 되니
새들의 수다에
겨울접시 깨지는데
머언 길 떠날 철새들의
시샘 어린 몸짓이 아려온다

웃음 뒤편의 울음
울음 뒤편의 웃음
세상사는 돌고도는가

3부

우정이
머물던
자리

달뜨는 장태산

옥색 달빛 넘쳐 흐르는
하늘 구만리 두둥실 땅 구백리 휘영청
으악새 속살대는 깊어가는 가을밤에
상큼한 갈바람은 국향에 실려오고
내님 네님 모여앉아 옛 얘기 나누며
달빛 담은 한 잔술에 우리 서로 가인歌人되니
가을 추억이 시작되는 장태산은 아름다워

고요가 흐르는 고즈넉한 장태산장
우리 우정 달빛속에 가득히 담고
잔잔하게 흘러가는 둥근달 보며
야광명월 푸른빛에 부부사랑 밝히니
내님 네님 지상천하 월하미인 되었네
첫사랑 느낌처럼 오래도록 기억될
아름다운 장태산이여

우정의 축란祝蘭

꽃배달 왔어요
사랑의 전령사
우정의 전령사가 납신다
화사하고 귀한 손님이다

자주색 나비
나비 수 십마리가
무리지어 매달렸다

고결한 우정의 향기
집안 가득 차고 넘치매
밀창문 열어 젖히니
봄볕이 다가와 놀잔다

이윽고
나비들의 은은한 군무
집 안을 휘감아 도는데

늦깎이 신인 문학상
호접란의 격려가 뜨겁다

가을의 길목에서

가을이 오면
그리워 했노라고
말 해야지

소슬바람 불어오면
그리움 한 잎
전해야지

들국화 피어나면
진정 이토록
사랑 했노라고
말 전해야지

올 가을엔
더 많이 사랑해야지

우리의 그대
— 임오균님 영전에

유난히도
영롱한 아침 이슬
소스라친 찬바람
낙엽따라 가시나
추풍따라 가시나
가을이 오지 말 것을
여름이 가지 말 것을

아!
빛 잃은 이 가을
너무나 애달파
친구야 친구야
정말 가시나
되돌아봐 주
되돌아와 주
아니야 차라리
편안한 길 가소서

가시는 그곳
평화로운 천국에서
못다한 꿈이랑
못다한 사랑
이뤄나 보오
나의 그대
우리의 그대
편히 쉬소서
고이 잠드소서

—
1978년 作

남해의 저녁 달

벗님들과 함께 한 남해안 로드트립
보길도의 어스름 달이 어느새
남해까지 따라 와 우리들을 맞이한다

언덕 위에 창 넓은 그린펜션 테라스
파도는 잠들고 해수면 위로 부서지는 달빛
먼 바다 점점이 떠있는 섬들의 실루엣

남해 판 모세의 기적인가
달님 내려 앉아
은빛 윤슬 바닷길 나래를 펴고
테라스에 펼쳐지는 우정의 파노라마

깊어가는 남해의 밤을 붙잡아
창천의 달 바다의 달 술잔의 달
둥근달 삼형제를 마시는 벗님네들
달 노래 소리 높여 잠든 바다 깨운다

시성詩聖 천상병

그 순수 미학의
천상 시인 심온
님은 진정 한 떨기
수련인가 채송화인가

시인의 잔영이
바람처럼 스치고
이내 님의 정신세계로
촉촉이 젖어든다

세상사 온갖 가면을
훌렁 벗어 던지고
메마른 대지 위에
한 줄기 단비 되어

자연을 벗 삼아
가난을 노래하며
만인의 가슴에
절절이 울림을 주던 님

한 시대를 풍미하고
영원을 남기신 님이시여
오늘도 가신님 기리며
망배를 드린다

노을길의 초대

황톳길 자갈길 걸으며
우리들의 인연이 시작된 그곳
재 넘어 징검다리 건너
우리들의 만남이 시작된 그곳

백운산 정기 받아
푸른 꿈 키우던 교정 있었네

실개천 맑은 물이
바다에서 만나 듯
다시 또 만난 우리
봄의 새싹과 함께
우정꽃 피어나네

우리 함께 걸어온 꿈길
우리 함께 가야 할 소풍길
그 길이
꽃길이면 좋겠네
아름다운 노을길이면 좋겠네

노인복지관은 봄날

원하면
원하는대로 채울 수 있는
배움의 장, 활력의 장, 친교의 장

못다한 목마름 걷어내며
휠체어 목발도 마다하지 않고
배워서 즐겁다는 열정 하나에
복지관의 대문은 활짝 열린다

고령의 눈동자 그 빛을 보라
인생사 빛과 어둠 녹아내려
영욕의 세월 오간데 없는데

몸이 가는 길 마음이 가는 길
그 길엔 제2의 물결이 인다

오늘도
노을길 이모작의 사랑 열매가
탱글탱글 알차게 익어만 간다

유채꽃 아리랑

노랑노랑 아리랑
유채꽃 아리랑
사랑이 떠나려거든
유채꽃길을 걸어라

제주에서 북상한
노랑물결이
불곡산 물줄기 따라와
중랑천을 집어 삼킨다

끝없이 펼쳐지는
강 길섶 따라
꽃잎 넷 옛동무 넷
우정을 새기며
샛노란 물결에 젖어든다

자연이 어우러진
중랑천 푸른 물결
오리떼 잉어떼 노랑바람이
한가로이 노니는데

아득히 두고온 세월안주에
곡차 한 잔
시원스레 걸쳐나 볼까

마지막 꽃잎

우정이란 이름표를 달고온 너
봄향기 말아쥐고 입성했었지
오뉴월 삼복 염천을 씻어주고
조석으로 꽃눈인사 4개월여

한잎 두잎 처연한 낙화에
석별의 정을 나누었는데
사랑으로 피어난 마지막 한떨기
소곤소곤 이 가을을 속살거린다

거, 참
신비로운 생명력
서리서리 그리움이 맺혀있는 너
너마저 떠나면 이 마음 어이할꼬

두고 온 그 섬

그 해
초가을 날 쪽빛 물결 들판
보랏빛 추억이 새록새록 피어나는
그 섬은 고운님 꿈결이었네

밀려오는 파도 부서지는 물보라
주홍빛 서녘 하늘 잔잔한 윤슬
솔향기 그윽한 해변

은 모래길 걷고 또 걸으며
아롱진 꿈 꽃이야기 피우던
그 섬은 그리움이 되었네

신씨 황씨 설화가 깃든 정겨운 섬
언제 다시 그 해변의 비경에
내 발길 머무려나

꿈속의 섬
두고 온 그 섬
살고 싶은 섬 섬마을 승봉도

가을 십자수

멀어져 간 가을이 못내 아쉬워
햇살 가득한 빈 하늘에
가을 십자수를 놓는다

애기단풍 심산유곡을 수놓으니
오색으로 물든 산 자작나무 숲
솔바람 솔솔 산새들이 날아든다

산비둘기 딱따구리 박새 자매들이
푸른 노래가락 하모니를 이루는
가을 교향곡인가

선율에 발 맞춰 춤추는 다람쥐
겨울 채비에 동선이 요란하다

아직도 나는 가을이고 싶다
채워진 하늘가에 통나무집 수놓으면
허허로운 가을 나그네 쉬어가겠지

찔레꽃 사연

뻐꾹새 울어대던 하얀 개여울
가시 돋쳐 찔레꽃 하얀 찔레꽃
다섯장 꽃잎에 새겼던 사연
아련한 추억 이야기 나래를 편다

하얀 봄날
찔레순 꺾으며 찔레꽃 따주며
얼굴 붉혀 수줍은 듯
사랑 이야기해 달라던
꽃댕기 그 소녀 무구無垢한 그 소녀

소녀의 마알간 미소는
찔레순이고 꽃잎이었다

사랑한 이야기야 꽃잎에 새기며
내 마음 저버릴까 못내 말하고
벌 나비 살포시 꽃술에 내려앉 듯
꽃잎 따다 꽃반지 채워 주었지

늦은 봄
개여울 거기 가시덤불엔
화사하게 사연달고 피어나리라
아! 찔레꽃

짝사랑

스쳐 간 바람이었나
단발머리 그 소녀
지금은 고전이 되어버린
짝사랑 갈피마다

보라빛 꿈나무
그리움의 날개 품고 있었지
그 날개 펴지도
접지도 못한 채

애린 추억 가슴에 묻고
지내온 숱한 날들
그 강은 알고 있을거야

예천에서 서울까지

예순 해 전 그 전
백일 정성이 있었고
산천기도가 있었지요

축복속에 고고성 울려
그때는 예천 땅 봄보리

꽃 피고 잎 지기를 예순 번
덧없이 흐르는 세월속에
귀밑머리 서리 내려

예천의 봄보리가
서울 하늘 아래서
세인들로부터 존경받는
공업功業이 되었습니다

하해와 같은 사랑과
후덕한 인품으로
올곧게 살아온 그대

그대는 정녕
우리들의 로망입니다

봄향기 그윽한 오늘
회갑을 맞이한 그대
천수를 누리며
행복한 여정 되소서

양육養育

앉으면 눕고 싶고
편한 끝은 어드멘가

아이는 소 젖으로 키우며
짧은 거리도
유모차로 이동한다

안아주고 업어주고
가슴에 품은 모습은
기억 속의 끄트머리

스킨십 없는 모자母子사랑
어쩌나
고집 센 젖소를 닮으면

뼛속 깊이 배어드는
사랑의 스킨십이 아쉽다

4부

내
사랑하는
가족

떠오르는 태양

지금
조금씩 빛이 보이고 있음은
어쩌면 태양처럼
광채를 띨 약속이려니

지금
조금씩 내비치고 있는 빛은
너희 자신을 위한
가문을 위한
나라 위한
큰 재목이 되겠다는
미더운 약속이려니

사랑하는 우리아들 성, 훈아
너희는 정녕 떠오르는 태양

기를 모으거라
불굴의 신념을 다져 가거라
그리고는
강철같은 체력
예리한 정신력을 연마하거거라

멀고도 험한 행군
허나
눈빛에 가득찬
의지의 표정이 있음에
너희는 필시 떠오르는 태양
세상을 밝혀주겠지

—
1992년 1월 1일 作

그리움을 삼키고

옹알옹알
갓난쟁이 남기어둔 채
홀연히 별이 되신
알 수 없는 어머니
어머니 얼굴

그리움일까 사무침일까
부러움일까
엄마 어머니
어머님이라는 말만 들어도
눈물샘이 고인다

나, 소풍길 끝내고
천상에 오르는 날
연분홍 카네이션 한 송이
하얀 손수건 한 장
양 손에 들고 제일 먼저
울 어머니 찾아뵈야지

어머니 뵈면은
목청껏 소리 높여
어머니! 하고 불러봐야지
팔 배게 배어달라 해야지
업어달라 말 해야지
까까 하나 사달라고
졸라대야지

어린이 날에

푸른 오월 푸른 세상
성, 훈이 세상

살랑하는 우리 아들
맑고 밝고 푸르게

뛰어라 날아라
우리의 생명

엄마의 꿈 아빠의 희망
내일의 등불

영원히 원대하게
활화산 되어라

—
1982년 5월 5일 作

아내에게 바치는 노래

꽃길 함께 걸어요
걷고 또 걸으며
사랑꽃 피울래요

미안함의 꽃길
고마움의 꽃길
꽃비 맞으며 걸어요

나, 당신 함께 걸으며
무지개꽃 피울래요

행복의 샘터 지나
강 언덕 그 꽃길 걸어요
하염없이 걸으며
사랑노래 불러 봐요

여보
저만치 실크로드가 보이네요
걷다가 지치면 어부바
내 어깨 내어드리오리다

아버지의 단상

붉은해가 떠오릅니다
이 세상에 오셨던 날
아버지의 121번째 생신

아버지, 아침진지 드세요

그때는 아직 나이 어려
회한을 비울 틈새도 주시지 않고
생전에 못해드렸던 생신상 올립니다

새벽별 벗 삼아 땀에 젖던 아버지
엄격하고도 무서웠지만
잠자리에 들면 여덟 살 막둥이인 내게
사랑의 팔베게를 내어주시던 아버지

여름날
하이얀 모시적삼에 긴 담뱃대 치켜들고
한 잔 술에
시조를 읊으며 망중한을 즐기시던 아버지

오늘 이 아침
아련한 그 모습 새록새록 피어나는데
그리움이 불꽃 되어 사무칩니다

눈물의 기도

나의 생명 귀한 손
나의 희망 착한 손
한국의 손 안드레아
뉴욕의 손 에리카
그 손에서 루미너리호가
탄생하였습니다

제2의 창업
루미너리호가 가는 길에
사랑의 빛을 내려주시고
행운의 빛을 내려주시고
영광의 빛을 내려주소서

그리하여 마침내
잎 피고 꽃을 피워
울창한 루미너리호 동산을
가꾸게 하여 주시고
속살 꽉 찬
열매를 맺게 하소서

마이더스 손 되어
미주지역의 큰 손 되어
인류에게 공헌하는
큰 재목이 되게 하소서

노을길

내 영혼과 사랑이
부르는데로
따라가다 보니
나 여기까지 왔네

아름다운 세상
아름답게 사랑하며
나 여기까지 왔네

찬란한 가을 하늘
노을빛처럼
머언 어느해 가을날
나 아름다운 소풍 마치고
떠나고 싶네

권세 명예 부
어느것 하나
기억할게 없는 사람
그저
향기나는 사람으로

기쁨 두배 그리움 열배

나의 그리움이 온다네
그리움이 그리움 안고
새애기꽃 지녀 온다네

괜찮을까 신종 코로나 19
하늘길 따라 동선
걱정이 태산이라네

세세년년 그리움 쌓여
불혹의 선 넘어섰건만
아직도 내겐 세살적 애기
풍전등화라네

몇 날을 기다려야 안착할텐데
집안은 온통 채취로 가득하고
웃음꽃 활짝 꽃향기 넘쳐나네

올때는
기쁨 두배 말 잔치 풍성하지만
떠날땐 그리움 열배 긴 침묵
아쉬움만 남는다네

그리움 오며는 등 뒤에 업고
인형같은 새애기꽃 손에 들고서
동네 한바퀴 향수鄕愁를 뿌려야지

낮 꿈

목화꽃 너울을 쓴
저 구름은 어머님 얼굴
어젯밤엔 고운 달이셨는데

샛털모자를 쓴
저 구름은 아버님 얼굴
어젯밤엔 푸른 별이셨는데

오늘은
바람 친구와
하늘가를 산책하시나

실바람에 청명한 날
내외분이
가을 소풍 나오셨나봐

천상 천사님이 불러
가시기 전에 서둘러
캔버스에 담아둬야지

책 선물

내겐 딸이 안태였다
살가운 맛은 없지만
심해같은 첫째 딸같은 둘째

어릴적 이쁜짓 하도 넘쳐나
지친 일상에 큰 위안이 되니
효도는 다 받았거니 생각했다

그런데 지금도 효행을 한다
내가 늦깎이 시詩 공부를 한다니
첫째가 사다 준 선물

골드버그의 글쓰기 방법론이며
명 시집 한아름 내게 안기고
희망을 선사하며 응원을 한다

글 쓸때
너무 감정을 드러내지 말란다
시인도 아닌 아들이
금새 글 쓰기 마중물이 된다

책 선물
이만한 선물이 또 어디 있으랴
골드바에 비기랴

내 입이 사알짝 코에 걸렸다

카네이션

오늘은 어버이 날
그리움이 온 종일
카네이션에 머문다

저 멀리
뉴욕 발 카네이션
붉은꽃은 아들 얼굴
분홍꽃은 며느리 얼굴

빵긋빵긋
꽃잎에 맺힌
사랑과 감사가
가슴 깊이 스며든다

기쁜 날
지극 정성 효심에
눈물 한 방울

슬픈 날
하늘 가신 어버이 생각에
눈물 두 방울

이제는
— 요한에게

여보게 김교수
자네 자신을 한 번쯤
가만히 들여다 보게

멈춰 선 시간도 아닌데
에움의 길
어찌 그리 아득한가

쌓인 내공 두터워 졌으니
이쯤해서
동반자 하나 옆에 차고
지름길 한 번 가보게나

상견례를 마치고

기나긴 청춘의 빗장을 열었다
내일의
무지갯빛 꿈을 키우려고

오가는이 없는
오그네의 밤길
달빛 내려
찬바람 스치는데

휘몰아친 잔설 위에
별을 헤며 사쁜사쁜
숫한 발자국을 남긴다

그녀, 나의 피앙세
마음의 온기 있어
정녕 따스함을 느낀다

끝없는 밀어를 그려보며

——
1974년 作

몽블랑 볼펜

늦깎이 신인 문학상
응원의 메시지가 뜨겁다

뉴욕의 둘째가 보내 준 선물
젠틀 스마트한 볼펜
글샘이 솟는 몽블랑 볼펜이다

열 마디 말 보다도
가슴 심쿵한 볼펜의 의미가
맑은 영혼을 일깨워준다

창작의 펜으로 갈고 닦고
효심의 바이타민으로 덧칠하여
시풍詩風을 불태우리라

새날에
햇님 달님이 손짓하면
널브러진 글밭에
글감을 찾아 나서야겠다

그리움은 불꽃처럼

엄마 어머니 어머님
목 메인 이 부름이 들리시나요
그리운 어머니 눈물뿐인 어머님

새겨볼 수 있었으면 어머님 얼굴
꿈길에서 보려나 아니 보이니
아, 아 밤이면 밤마다
베갯잇 적셔온 서러운 날들

나를 낳아 기르신지 189일 째
그 해 사월의 봄 열이렛날에

꽃길 따라 구름 따라 하늘 나라 오르실제
뒤돌아 돌아보시며 애달파하셨을
엄마 어머니 우리 어머님

자자손손 번영하니 심려 마시고
화사한 봄꽃처럼 미소 지으며
편히 쉬소서 고이 잠드소서

—
1991년 作

꿈

깊게 파인 주름살
그래도 고우신 얼굴
참
행복한 순간이었습니다

영양식을 드리니
흐뭇해하시는 표정에
보약 한재
다음엔 해드려야지
다짐했는데

모처럼의 행복도 잠시
나와의 약속이 깨지고

간밤에
뵈었던 아버지
깨어보니
베갯잇이 젖어있었습니다

껌딱지

간밤 꿈길에서 보았네 사랑둥이 껌딱지
타임머신의 시간여행 속
태릉 푸른동산 그 길을 걸었네
늘 봄 해맑았던 껌딱지, 숱한 날갯짓 하던 그곳
그곳은 꿈의 동산 희망의 동산이었다네

이내 그리움이 사무쳐 자향정으로 향하네
껌딱지의 흔적 체취가 묻어나는 시공의 끄트머리
어릴적 삐뚤빼뚤 춤추는 글씨로 내게 보낸 생일 편지
만상의 소품 그리고 작품들
희미한 추억들이 주마등되어 창가에 걸려있네

지금은 어엿 껌딱지의 옷을 벗어던지고
뉴욕 땅 한 복판에서 둥지를 틀었다네
절차탁마切磋琢磨하며 틀은 새 둥지 열린 무대
더 좋은 세상 아름답게 디자인해 보렴

함께하던 날 영화관 백화점 레스토랑에서
나, 졸졸 뒤 따르며 각인된 안드레아의 뒷모습은
분명 인격의 옷 배려의 옷으로 치장한
뉴욕 신사라네

이젠 거꾸로 내가 껌딱지

그리움 찾기
— 어머니 생각

사라지지 않는 그리움
그리움 하나 찾으려
신록을 닮아보려
나만의 숲길로
총총걸음 재촉한다

레인코트 걸쳐입고
황사 없는 봄비에
맑아진 영혼을
흠뻑 적시며
찾아보는 나의 그리움

그리움은
바로 거기 있었다
봄비 내리는 오후의 숲길
연두색 이파리에
쓰담쓰담
그리움을 달래본다

황금 날개

이제나 저제나
까치발하고 기다리던
수퍼에그의
첫 신생제품
마침내 당도하니
덩실덩실 더덩실
입맞춤으로 영접하였다

산고끝 화사하게 탄생한
그 이름
사운드 리뉴얼, 젠틀 엘레먼츠
촉촉하고 부드럽고
곱디곱게 나래를 편다

야심차게 선을 보인
자랑스런 리뉴얼 라인업
황금날개 펼치고 훨훨
멀리멀리 더 멀리
오대양 육대주 끝까지
아름다운 유영으로
만인의 사랑을 받으리

수퍼에그시대의 서막이 열리리

연잎 연가

일엽편주 띄웠나
효녀 심청 돌아왔나

속세에 물들지 않겠노라
세상을 정화하겠노라
풍요롭게 피어난 너
자비를 잉태한 너

초록 바람 불어와
초록 물결 굽이치니
청옥 이슬 내려앉고

또르르 또르르
곱게 맺힌
물방울 다이아몬드

고이고이 따다가
각시한테 올려줄까
며눌한테 내려줄까

돌아온 해원

산천이 낳은 해원
산천으로 돌아왔네
아련한 꿈 이야기
산천에서 이뤄나볼까

얼마만이련가
그때가 옛날
청보리밭 사잇길로
소꿉놀이 정겨워

은하수 품어안고
달빛이랑 은빛에 엮어
철없이 노닐던 시절

아! 새로워라
뻐꾹새 뻐꾹뻐꾹
개구리 개골개골

초야에 묻힌 해원
심신을 살찌우며
산천에 살으리라

—
1972년 作

시詩가 되지 못했던 시詩

쪽빛 하늘이 열리던 날
옥빛 바다에 시심이 출렁이고
실바람 결에 시상이 아롱거린다

바다향이 그대로 서재에 와 닿고
책상 서랍 어둠속 졸시拙詩 한 편
갈매기 날갯짓에 선연히 깨어난다

늦깎이 시심을 틔운 새싹
자양분 두둑, 잎 피고 꽃 피우리라
나이테 하나 둘 꽃동산 되면
벌 나비도 살랑살랑 찾아들겠지

마침내 시詩가 되어
시詩가 되지 못했던 시詩
시 낭송회 작품집에 올려지고
처연한 아름다움으로 태동하였다

내가 사랑하는 아차산

수필

성큼 다가온 나의 가을,
온누리에 가을빛이 완연하니
다시 또 한철 역마살이 도져
어디론가 홀연히 떠나고 싶다.

오늘은 바람따라 구름따라 아차산으로 향한다.
아차산성은 한강 하류의 북쪽 강변에 있는 성으로
삼국시대 한성 백제가 고구려의 남진을 대비하기 위해
쌓은 성인데 과거 삼국의 격전지였다.
또한 산새가 완만하여 남녀노소 모두가 접근하기 좋고
소나무 숲이 울창하여 한강을 품은 풍광은
마치 한 폭의 수채화 같아 가히 아름답다 할만하다.

특히 광진구청, 구리시청의 공원 조성으로
유적지, 도서관, 공연장, 생태공원, 운동시설, 등산로, 둘레길 등
각종 편의 시설이 좋아 잿빛 도시인들의 편안한
휴식처로 각광을 받고 있는 명소이기도 하다.

가을빛이 물드는 아차산길,
드높아진 코발트빛 하늘가엔 조개구름 피어나고
푸나무서리로는 가을 볕이 흐르는데
고추잠자리 유영이 한가롭다.
길섶 안 작은 계곡에선 가을 소리 흐르고
산새들의 감미로운 노래가 화음을 이룬다.
가을의 속삭임인가! 대 자연의 오케스트라인가!

물길 따라 발걸음을 재촉하니 너른 바윗돌을 만난다.
흡사 잘 다듬어진 조각품 같다.
삼라만상 영겁의 세월속에 모진 풍상의 작품인가!
미켈란젤로의 작품인가!

너른 바위턱에 홀로 앉아 막걸리 한 잔에 가슴을 적시고
잃어버린 시간을 되찾아 흘러내리는 물줄기를 거슬러 오른다.
어디메서 흘러오는 것일까?
세월도 한번쯤 거슬러 갔으면 좋으련만...
오를수록 좁아지는 계곡, 우리네 인생길 이련가?
가파르고 아무도 가지 않은 길이다.
내가 가고 또 어느 누가 뒤따르면 길이 되겠지.

이내 물소리가 자취를 감춘다.
오르고 또 오르니
바위 틈새로 낙엽 사이로 실낱같은 물이 흐른다.
아! 여기가 이 계곡의 발원지라 해도 될까?
어디 태백의 검룡소만 한강의 발원지랴.

켜켜이 쌓인 해묵은 낙엽따라 다다른 곳은
솔바람도 시원한 능선이다.
오늘 이 계곡의 발원지가
이 가을의 추억이 시작되는 곳이었다.

김심배 시집

'마실길 소풍길'

서평

시인의 꿈과 사랑

윤제철 시인, 문학평론가

1. 들어가는 글

시인은 시를 짓는 사람. 또는 일반적으로 시를 써서 문단의 공인을 받고, 그 일을 전문적으로 하는 사람이다. 그렇다고 얼굴에 시인이라고 써 붙이고 다니지도 않는다. 그저 예사롭게 사람과 사람 사이에서 살면서 사물이나 사건을 매체로 관찰을 통하여 얻어지는 느낌이나 생각을 예민한 감각으로 상상력을 동원하여 새로운 이미지를 만들어내는 사람이다.

이들은 앞서가는 의식 수준을 지니고 독자들에게 선구적인 정신세계를 제시하는 역할을 끊임없이 작품을 쓰면서 시시각각으로 벌어지고 있는 일들을 만나면서 그 순간을 놓치지 않고 있다. 일반 사람들이 스쳐 지나칠 만한 일까지도 응시하면서 날카로운 통찰력으로 꿰뚫어야 한다. 그리고 잃어버리지 않도록 메모해두는 습관을 가지고 있다.

창작에 열정을 다하는 김심배 시인은 시집을 발간하겠다며 평소에 모아둔 원고를 들고 찾아와 상기된 얼굴을 감추지 못했다. 평소 가까이 하면서 가리지 않고 투명하게 주고받았던 따뜻한 대화의 울림이 담긴, 아직 개봉되지 않은 시집의 원고를 먼저 읽을 수 있는 기회를 맞는 필자도 설렘으로 반겨야했다.

2. 시인의 꿈과 사랑

1) 시인의 꿈

시인의 마음을 담아둘 수 있는 자리가 있다. 가을 십자수를 놓을 수 있는 빈 하늘과 따라가다 보니 여기까지 온 노을 길이다. 그리고 행복 보다는 행운을 찾았던 토끼풀 밭과 영욕의 세월은 하나의 목표만을 향하던 화살나무다. 시인의 꿈은 크거나 작지도 않다. 그렇다고 모가 나거나 날카롭지도 않으며, 꾸밈이나 거짓이 없이 수수하고 욕심이 없고 순박하다.

멀어져 간 가을이 못내 아쉬워
햇살 가득한 빈 하늘에
가을 십자수를 놓는다

애기단풍 심산유곡을 수놓으니
오색으로 물든 산 자작나무 숲
솔바람 솔솔 산새들이 날아든다

산비둘기 딱따구리 박새 자매들이
푸른 노래가락 하모니를 이루는
가을 교향곡인가

선율에 발 맞춰 춤추는 다람쥐
겨울 채비에 동선이 요란하다

아직도 나는 가을이고 싶다
채워진 하늘가에 통나무집 수놓으면
허허로운 가을 나그네 쉬어가겠지

—「가을 십자수」 전문

멀어져간 가을이 아쉬워 빈 하늘에 십자수를 놓는다. 심산유곡에 산새들이 날아들고 푸른 노래 가락 하모니는 가을 교향곡인가, 다람쥐 겨울 채비에 동선動線이 요란하다, 통나무집 수놓으면 가을 나그네 쉬어가겠지. 아직도 나는 가을이고 싶다.

세상에 모든 사물이나 사건은 시공간 안에서 존재했다가 사라졌다. 사라진다는 것을 아쉬워하고 다시 돌아오지 못함을 슬퍼하였다. 모두가 오래도록 존재하지 못하는 일정기간을 마물다가는 허상이었다. 십자수도 바람 따라 지워졌다가 다른 그림으로 채워질 것이다.

빈 하늘은 바탕천이다. 말하자면 화자가 그리고 싶은 것이라면 무엇이든 그릴 수 있는 공백이다. 심안心眼의 풍경을 옮겨 표현하는 그림이다. 화자는 자연의 소리와 움직임에 비유의 마술을 걸었다. 하늘에 떠있는 구름 하나하나를 이미지를 설계하고 시공하는 것이다.

내 영혼과 사랑이
부르는 대로
따라가다 보니
나 여기까지 왔네

아름다운 세상
아름답게 사랑하며
나 여기까지 왔네

찬란한 가을 하늘
노을빛처럼
머언 어느 해 가을날
나 아름다운 소풍 마치고
떠나고 싶네

권세 명예 부
어느 것 하나
기억할게 없는 사람
그저
향기 나는 사람으로

—「노을 길」전문

노을은 해가 뜨거나 지려고 할 때에 하늘이 햇빛을 받아 붉게 보이는 현상이다. 노을 길을 걷는 길을 걷는 화자는 여기까지는 영혼이 부르는 대로 아름답게 사랑하다가 오게 되었다. 그저 향기 나는 사람으로 기억되기를 바라며 어느 해 가을날 소풍 마치고 떠나려 한다.

살아온 길은 마음먹기에 따라 느껴지는 정도가 다르다. 권세나 명예, 그리고 부에 관심을 갖고 욕심을 부렸으면 아름다운 사랑도 향기도 모두 사라졌을 뿐만 아니라 힘겨운 삶이 가을날 소풍으로 느껴지지 않았을 것이다.

산다는 것은 혼자만의 의지로만 살아지는 것이 아니다. 가족과 친지, 그리고 친구들과 화합하는 가운데 얻어지는 성과다. 화자는 자신 보다 가족이나 남에게 배려하고 참고 견딘 흔적으로 후회 없이 이 시를 남길 수 있는 것이다.

봄 햇살 마냥 영글어가는
토끼풀 밭에 토끼는 없더라
사슴 목 되어 찾아보건만
네 잎 행운도 없더라

그래도 한낱
허전한 맘 달래주는 너
안개꽃 무리
찾고 찾던 네 잎 행운이
꽃 안개로 피어난다

아득한 시간 여행길
꽃마차에 탑승하여
꽃반지도 만들어보고
꽃팔찌도
꽃목걸이도 만들어본다

아련한 추억 설레는 맘
풀꽃 사랑
뉘에게 전해 올릴까

—「토끼풀 밭에서」전문

토끼풀밭에서 토끼를 본적은 없다. 네 이파리가 없어도 찾느라 야단이다. 눈에 띄는 온갖 세 이파리는 너무 흔해 보이지 않는가 보다. 그 흔해 터진 것이 행복이었다니 놀랍다. 행운은 순간일 뿐인데 모두가 빠져있다는 사실을 부정할 수 없다.

네 이파리를 찾다가 안개꽃 무리가 행운으로 피어난다. 꽃마차에 탑승하여 꽃반지도 만들어보고 꽃팔찌도 꽃목걸이도. 대리만족이라 할까, 그 후에도 여전히 네 이파리를 찾곤 했다. 그러면서 행복이 무얼까 궁금하기만 하다. 오히려 우리를 만나길 바라면서 주변에서 맴돌고 있는데도 몰라보고 멀리에서 찾아 헤매는 숨바꼭질을 하는 것이다. 시 속에 화자가 비유로 감추어놓은 주제를 독자들이 찾아내지 못하고 외면하는 것처럼, 시가 난해하다느니, 어려우니, 무엇을 말하는지 모르겠다느니, 하지만 주제는 빨리 찾아주기를 바라고 있는 것이다.

활 끝에 매달려
처박힌 세월은
내가 쏘아 댄
70여 성상
화살나무 되었는가

노을 지는 산자락에
세월이 꽂혔다

마디마디 각인된
영욕의 삶은
아지랑이 피어나 듯
희미한 기억들
그 빛을 잃었구나

그래도
나뭇잎은 무성해
여력餘力이 솟는데
시위를 떠난 자리엔
허무만 남누나

―「화살나무」전문

나이만큼 세월이 날아와 박혔다. 희미한 기억은 마디마디 각인되고 시위를 떠난 자리에 남는 건 아무 것도 없다. 세월의 흐름에 따라 점철되는 영광과 치욕을 아울러 이르는 영욕의 세월은 하나의 목표만을 향한다. 온갖 심혈을 기울여 남은 것 없이 모두 동원되었다.
화살이 날아갈 때 곧바로 가거나 곡선을 그리거나, 빠르고 느린 것을 좌우하는 것은 모두 화살대에 매다는 '전우箭羽'라는 깃털에 달려 있다. 화살나무는 나뭇가지에 화살 깃털을 닮은 회갈색의 코르크 날개를 달고 있다.

화살나무를 매체로 시선을 한 곳에 모아 뚫어지게 바라보고 시인의 언어로 현실에 언어의 겹을 입혀 마술적 세계의 문을 열게 한다. 눈으로 보이는 화살나무를 보면 나뭇잎은 무성해 여력餘力이 솟는데 노을 지는 산자락에 꽂힌 세월만 무상할 뿐이다.

2) 시인의 사랑

시인의 사랑은 크게 두드러지지 않다. 눈이 하얗게 쌓인다 해도 끄떡없이 견뎌내는 나목의 참을성과 서먹함 없는 시인의 마실 길 소풍 길에서 만나는 놀러가는 길이다. 그리고 돈독한 부부애가 쌓인 가정이며 마음만으로 하고 싶은 대로 주기만 하는 사랑이다. 사랑은 상대가 온전히 살게 만들어 주는 것이다.

주고 또 주고
아낌없이 주었고
미련 없이 비웠노라

조금은
삭연타 싶지만
그래도 당당하노라

봄을 틔웠고
여름을 식혔고
가을물 들였노라

시인들이 지어 준
내 이름은 나목

—「나목」전문

남들이 원하는 대로 다 주었다. 그런데도 아까울 것이 없는지 미련 없이 비우는 존재다. 아무런 생각도 없이 바보스럽게 보이지만 그 모습이 왜 당당하게 보일까, 할 만큼 다했기에 미련이 없어서일까, 끝까지 버티고 서있다. 봄, 여름, 가을을 보내고 추운 겨울을 맞을 준비도 해야 하건만 개의치 않았다.

짊어져야할 짐을 내려놓음인가, 욕심을 부려서 무거운 짐을 감당하느니 보다 홀가분한 것을 택한 무소유의 개념일까, 몸소 실천하는 의연함은 본받아야할 가르침이다. 겨울이 되어 날씨가 추어도 몸을 움츠리거나 벌벌 떨지 않는다. 오히려 더 똑바르고 당당하게 서있다. 찬바람이 몰아치고 눈이 하얗게 쌓인다 해도 끄떡없이 견뎌내는 참을성은 보여준다. 화자는 나목이라는 이름의 의미를 수도자처럼 두고자한다.

나는
또랑시인 낭만가객

내 영혼이 부르면
바람 한줌 구름 한 점
별이 되고 조각배 되어
삼라만상 닿는 곳으로
유유자적 날갯짓한다

비우고 채우며
낮추고 숙이며
또랑시인 가는 길
마실 길 소풍 길

그래,

잘 살아왔어 잘 살고 있어

이렇게 그렇게

인향천리 시향만리

살아가면 되는 거야

—「마실 길 소풍 길」전문

또랑은 도랑의 방언으로 작고 폭이 좁은 개울을 말한다. 또랑시인은 또랑처럼 생활 깊은 곳까지 파고들어 생활하며 소통하는 시인이다. 내 영혼이 부르면 비우고 채우며 낮추고 숙이며 어떤 존재 앞에서도 서먹함 없이 찾아가는 시인의 마실길 소풍길이다. 그 것은 근처에 사는 이웃에 놀러가는 길이며 학교에서 운동이나 자연 관찰, 역사 유적 따위의 견학을 겸하여 야외로 갔다 오는 길이다. 그야말로 쌓이고 쌓여 인향천리 시향만리로 살고 있다.

스스로 자신이 하는 일에 칭찬을 하면서 봉사활동을 하듯 찾아나서는 것이다. 독자들이 미처 생각 못한, 아직 깨어나지 못한 의식의 한 모퉁이를 앞서가는 의식의 세계로 열어주고 싶은 것이다. 시인이라는 어떤 특별한 권위나 별도의 특혜를 부여 받은 것도 없이 함께 어울려 살면서도 남들이 보지 못하는 부분까지 보면서 느끼는 것마다 알려주는 게 즐겁다.

밖에서는 어림없는 행위

편한 상대여서 그런지

맘 놓고 질러댄다

발단은

부대끼며 살아가는

소소한 일상

티격태격 다투고서 하는 말

그래도 부부밖에 없단다

칼로 물 베는 거
삶의 양념인가

—「부부싸움」전문

할 말을 다 못하고 사는 게 사람이다. 밖에서 벌어진 일에는 이 것 저 것 생각하다 한마디도 못하고 참고 참다가 집에 와서 아무 것도 아닌 데에다가 선불리 부아가 터진다. 이유도 없이 화풀이 대상으로 삼고 만만하게 보는 상대는 당연히 싫을 수밖에 없고 화나는 일이다. 그러고 나서 사과하느라고 쩔쩔매는 뒷수습이 쉽지 않았다. 하지만 그렇게라도 속에 응어리를 터트리지 않고는 무슨 일이라도 났을 것이다.

그래도 부부밖에 없다는 건 돈독한 부부애가 쌓인 가정이다. 무슨 일로 곤경에 빠졌다가 폭발했을까 염려되어 가슴을 쓸어내렸기 때문이다. 게다가 삶의 양념이라 하지 안 턴가, 서로의 마음속을 드나들지 않고서야 어찌 감당할 수 있을까, 칼로 물을 벤다는 부부싸움은 맛있는 요리를 만들기 위하여 싱거운 만큼 짭짤한 양념을 쳐주는 일로 비유되고 있다.

스쳐 간 바람이었나
단발머리 그 소녀
지금은 고전이 되어버린
짝사랑 갈피마다

보라빛 꿈나무
그리움의 날개 품고 있었지
그 날개 펴지도
접지도 못한 채

애린 추억 가슴에 묻고
지내온 숱한 날들
그 강은 알고 있을 거야

—「짝사랑」전문

짝사랑은 한쪽만이 일방적으로 상대방을 사랑하는 것을 말한다. 상대방은 어떤 표현의 말도 들을 수 없고 표정을 볼 수 없으니 전혀 알지 못하는 상태로 어떤 제한이나 제제를 받지 않는 마음만으로 하고 싶은 대로 주기만 하는 사랑이다. 꽃이라면 피우지 못했을 터이고 새 라면 날지 못하면서 그리움만 품고 있는 것이다.

오죽하면 단발머리 그 소녀를 고전이 된 짝사랑의 갈피마다 뒤적이면 보랏빛 꿈나무로 그리움의 날개로 애린 추억을 가슴에 묻고 있겠는가, 소년기를 거치면서 그런 시기를 겪지 않은 이가 없을 것이다. 이따금씩 색 바랜 사진을 들추어내듯 꺼내서 돌이켜 보는 추억의 화석이다. 그러나 화자는 순간마다 생명을 불어넣어 변치 않은 그 모습을 상기 시키다가 애꿎은 강을 끌어드려 너는 아느냐고 묻고 있는 것이다.

3. 나가는 글

사람을 평가하는 일은 어려운 일이다. 한번 보고 알 수 없거니와 함께 지낸들 보이지 않는 마음속을 들여다 볼 수 없기 때문이다. 다른 방법으로 친구를 보면 안다고도 했다. 그러나 자신과 같은 사람만 사귀지는 않아 믿을 수는 없다. 가장 근접한다고 보는 것은 써놓은 글을 보는 일이라 생각한다. 일상을 보고 느끼는 대로 생각하는 대로 솔직하게 표현하는 작품세계에서 자신을 감추거나 왜곡하지 않는다. 시는 행이 모아지고 연으로 묶어 이미지를 만들어 풍기는 냄새가 난다. 하늘에서 뚝 떨어지는 것도 아니고 시인 자신의 냄새를 독자들에게 내놓는 것이다.

김심배 시인의 시를 읽다보면 「시인의 꿈」은 넓은 가슴을 지닌 자연에게 자신을 맡기고 처분을 기다리듯 바라다보고 무표정한데서부터 변화되어가는 모습이나 움직임, 그리고 소리를 들으면서 해답을 얻어내고 있다. 또한 「시인의 사랑」은 믿고 의지할 수 있는 가까운 벗으로 자부하는 대상에게 자신을 거울에 비추듯 의심의 여지없이 그 안에 존재들의 흔적을 들여다보며 연관 짓고 있다. 꿈과 사랑은 가정이라는 삶의 터전에서 우리시대가 갖는 결핍을 어떤 흐트러짐도 없이 노래하고 있다.

세상에 던져진 아픔을 거미줄에 걸리는 대로 수거하여 아픔을 예방하고 치유하는 방법이라 여기며 시의 소재로 삼는 것은 사람다움을 잃지 않겠다는 의지가 담겨있기 때문이다.

문학세계대표작가선 958

마실길

소풍길

인쇄 1판 1쇄 2021년 11월 15일
발행 1판 1쇄 2021년 11월 29일

지은이 김심배
펴낸이 김천우

기획 김윤성, 김정훈
디자인 김정훈
인물사진 최유진 Erica Choi
펴낸곳 도서출판 천우

등록 제1-1307호 신고일자 1992년 2월 15일
주소 서울시 성동구 무학봉28길 6 금용빌딩 2F
전화 02 2298 7661 팩스 02 2298 7665
홈페이지 http://moonhak.wla.or.kr
이메일 chunwo@hanmail.net

이 책은 룸웰니스의 문화예술기금으로 제작되었습니다.

ISBN 978-89-7954-853-2
값 13,000원